LES
PRUSSIENS A GISORS

PAGE DÉTACHÉE

DE

L'HISTOIRE DE L'INVASION

RÉPONSE A UNE BROCHURE

INTITULÉE

PROCÈS-VERBAUX

DU

CONSEIL MUNICIPAL DE GISORS

2-15 OCTOBRE 1870

Par M. CHARPILLON,

Ancien Juge de Paix.

GISORS,

IMPRIMERIE ET LIBRAIRIE E. LAPIERRE,

Bureau du Journal le Vexin.

1871.

Le 21 mai 1871 le journal *le Verin* publiait la lettre suivante :

« Monsieur le Rédacteur,

« A mon retour à Gisors, on me communique une brochure imprimée à Beauvais, portant le titre de « *Procès-verbaux du* « *Conseil municipal de la ville de Gisors*, 2-15 octobre 1870 (1).

« Cet écrit qui, en réalité, ne contient aucune délibération, mais bien une sorte de récit rétrospectif des incidents de l'envahissement, n'a été tiré qu'à un petit nombre d'exemplaires, qui ont été partagés entre les anciens conseillers municipaux et leurs amis, moyen facile, sinon bien digne, de ne pas rencontrer de contradicteur.

« Je laisserai de côté, pour aujourd'hui, certaines allégations que je m'abstiens de qualifier, les attaques dont je suis l'objectif, enfin même, les accusations lancées contre les gardes nationaux de la ville et des environs qui voulaient défendre leur pays, le moment de répondre ne me semble pas opportun, mais il est un passage qui ne me permet pas de garder le silence et dont la lecture m'a fait bondir d'indignation, c'est celui qui est relatif à un article du journal *La Liberté* de Rouen, dans lequel M. Le Père, maire de Gisors, est accusé d'avoir menacé les officiers de

---

(1) Cette brochure, signée il est vrai par Messieurs les conseillers municipaux, n'est en réalité, tout le monde le sait, que l'œuvre de M. Louis Passy.

la garde nationale de remettre la liste de leurs noms aux Prussiens s'ils tentaient la moindre résistance.

« La brochure paraissant vouloir me désigner comme étant l'auteur de l'article du journal, je déclare protester de toutes mes forces contre une semblable insinuation ....

« Je laisse à l'auteur, quel qu'il soit, la responsabilité de son article auquel je suis complétement étranger.....

« Je termine par une simple réflexion.

« A Gisors, comme partout, deux courants se sont produits dans l'opinion publique, au moment de l'envahissement. Les uns voulaient repousser l'ennemi par les armes, les autres ne croyant pas la défense possible étaient d'un avis contraire, chacun a agi à cet égard suivant l'impulsion de son patriotisme. Je me garderai bien d'imiter l'auteur de la brochure qui, se faisant juge de ceux qui pensaient autrement que lui, qualifie de *Révolutionnaires* les partisans de la défense. C'est au temps et à la conscience publique de prononcer leur verdict sur la conduite des uns et des autres.

« CHARPILLON. »

Aujourd'hui le moment est venu de répondre aux imputations malveillantes et aux accusations injurieuses lancées contre la garde nationale et contre moi. Nous avons été attaqués, calomniés ensemble, notre défense sera commune. Il faut que la lumière se fasse sur la conduite des uns et des autres, et il est temps que les masques tombent.

Dieu me garde d'attaquer le Conseil municipal; mais cependant, après avoir lu la brochure de M. Louis Passy, je m'étonne qu'avant de signer un pareil écrit, qui ne justifiait en rien leur conduite, mais qui attaquait violemment leurs concitoyens, MM. les Conseillers municipaux n'aient pas exigé de l'auteur les preuves de ses allégations.

Je remercie cependant, au nom de la garde nationale et au mien, MM. les Conseillers qui ont résisté à certains entraînements de l'auteur de la brochure, et qui l'ont forcé à différentes reprises à en modifier la forme et même le fond.

Quant à moi, tout ce que j'avancerai sera appuyé sur des pièces justificatives ou sur des témoignages certains.

Autant que possible, j'éviterai la discussion, les faits sont assez éloquents par eux-mêmes pour se passer de commentaires.

Gisors, le 25 septembre 1871.

CHARPILLON,

Ancien Juge de Paix.

LES
PRUSSIENS A GISORS

14 à fin septembre 1870.

Dans les derniers jours de septembre, lorsque la nouvelle de l'entrée des Prussiens à Pontoise et à Beauvais, fut connue à Gisors, tous les habitants en furent douloureusement émus et leur patriotisme devint encore plus ardent en voyant l'ennemi se rapprocher davantage ; mais jamais, contrairement à ce que voudrait faire croire M. Louis Passy, la politique n'est venue jeter une ombre sur l'amour de la patrie qui les a toujours guidés et animés.

Si dans les rangs de la garde nationale, se trouvaient des citoyens aux idées généreuses et libérales, il convient de dire qu'ils en ont toujours fait bon marché en présence des malheurs du pays ; et que jamais ils n'auraient consenti à s'en faire un marchepied.

Nous sommes forcés de convenir que tout le monde taxait l'administration municipale de mollesse, de faiblesse, etc.; mais la population faisait une exception en faveur d'un certain groupe de Conseillers municipaux qui ont pu ne pas partager les idées de la garde nationale sur la défense, mais contre lesquels il n'est jamais venu à personne la pensée de porter la moindre accusation.

Contrairement à tout ce qui a été dit, nous affirmons et tout le monde l'affirmerait avec nous, jamais il n'y a eu à Gisors de Comité de défense. De même, nous opposons le démenti le plus formel aux allégations sur l'indiscipline de la garde nationale, les outrages et la mise en péril de l'administration municipale.

« Le moment semblait venu, dit M. L. Passy, de
« constituer une machine de guerre pour ébranler et jeter
« à bas l'administration et le conseil municipal, et cette
« machine de guerre s'offrait tout naturellement dans
« l'organisation d'un Comité de défense. Quelques per-
« sonnes de Gisors, entre lesquelles se trouvait M Char-
« pillon, juge de paix, se rendirent à Evreux et prirent
« secrètement à leur retour toutes les allures d'un Comité
« de défense... »

Or, voici ce qui s'était passé :

MM. Morin et Sporry, voulant s'assurer par eux-mêmes si la garde nationale de Gisors pouvait compter sur un secours dans le cas où l'ennemi viendrait, étaient allés trouver le Préfet. Le hasard avait fait que M. Charpillon s'était rendu à Evreux en même temps pour affaire personnelle Ces Messieurs avaient voyagé, étaient allés ensemble à la Préfecture, seulement ils avaient vu séparément M. le Préfet

La brochure transforme et dénature ces faits si simples pour en faire résulter *la formation d'un Comité secret de défense qui devait plus tard se changer lui-même en commission municipale.*

Non, MM. Morin et Sporry n'étaient rien et n'aspiraient qu'à défendre leurs foyers contre l'invasion ; jamais ils n'ont cherché à s'emparer du pouvoir municipal; M Sporry, en sa qualité d'étranger ne pouvait y prétendre. Quant à l'imputation attribuée au juge de paix, d'avoir voulu l'usurper, ce n'est que ridicule.

M. Morin voulait, lui, si peu renverser l'administration municipale pour faire partie d'une commission, qu'on le lui a proposé et qu'il a refusé (1). Ainsi s'écroule tout l'échafaudage d'accusations dressé à cet égard.

Quant aux attaques, aux outrages, aux périls qu'aurait couru l'administration municipale, ce ne sont que des chimères écloses dans certains esprits timorés ou, ayant intérêt à y faire croire, pour justifier leur conduite. Du reste, un fait isolé, en admettant un instant qu'il se soit produit, ne saurait engager la responsabilité de tous.

Oui, la garde nationale animée, soutenue par le juge de paix, voulait défendre ses foyers et demandait à l'administration municipale de prendre les mesures que recommandait la prudence la plus vulgaire, et non-seulement l'administration n'a rien fait pour protéger la ville, mais au contraire, dans toutes les circonstances elle n'a été occupée qu'à entraver et à annihiler les effets du patriotisme des habitants et à paralyser la défense.

Voilà la vérité. J'en appelle à la garde nationale tout entière.

2 octobre.

Ce jour-là, après la reconnaissance de ses chefs, la garde nationale fit une promenade militaire sur la route de Chaumont et fut sur le point d'aller jusqu'à Trie-Château, où elle aurait pu rencontrer l'ennemi : car à peine était-elle rentrée, qu'un messager vint prévenir le commandant et le maréchal des logis que six uhlans étaient à Trie.

Monter à cheval, s'élancer à toute bride dans la direction de l'ennemi, fut pour nos gendarmes l'affaire d'un instant; mais comme notre brave maréchal était parti sans se préoccuper du nombre des ennemis et en ne consultant que son

---

(1) Pièces justificatives, n° 1

courage, un certain nombre de gardes nationaux crut prudent de courir à leur suite pour les soutenir au besoin. On aperçut de loin quelques cavaliers ennemis qui prirent la fuite à l'approche des nôtres.

3 octobre.

A la pointe du jour, un détachement de volontaires de la garde nationale espérant voir revenir les Prussiens, alla se poster à 3 kilomètres en avant de la ville sur les hauteurs qui dominent Trie-Château et qui commandent la route que devait suivre l'ennemi. — A la même heure, un autre détachement s'embusquait de façon à protéger et à défendre le Mont-de-Magny et la route de Paris.

Les capitaines, les officiers sont en tête de leurs compagnies, le commandant Tailleur dirige les mouvements. Tout le monde est calme et attend jusqu'à onze heures, avec fermeté, l'ennemi qui ne vient pas.

Cette démonstration si patriotique et toute spontanée de la garde nationale soulève l'indignation de M. Louis Passy, « *c'est une infraction aux règlements, une imprudence au* « *point de la défense, etc....* »

Comment! l'ennemi veut violer mon domicile et j'aurai besoin de votre autorisation pour le repousser! Vous êtes bien de ceux qui ne veulent pas que l'on coupe la corde qui attache un pendu, avant l'arrivée du Commissaire de police.

Vous parlez de défense, mais encore une fois où était-elle votre défense? En quoi consistait-elle? Et du reste, qu'avez-vous jamais fait pour protéger la ville? Rien! rien!....

Pardon! vous avez fait quelque chose ; afin qu'il fut bien établi que vous ne vouliez pas défendre votre pays, mais entraver les sentiments qui animaient la garde nationale, vous n'avez trouvé rien de mieux que de lui défendre de prendre les armes sans votre autorisation et de suspendre ses réunions et ses exercices (1). Voici, du reste, l'arrêté :

« En prévision de la prochaine arrivée d'un corps nom-
« breux de Prussiens, le maire de Gisors invite ses admi-
« nistrés à la plus grande circonspection afin d'éviter tout
« conflit dont les conséquences pourraient être graves.

« Une Commission municipale en permanence à l'Hôtel-
« de-Ville fera tout ce que nécessitera l'intérêt général.

« Le maire fait particulièrement observer que les gardes
« nationaux ne doivent rien faire isolément, et que la garde
« nationale elle-même ne doit prendre les armes que sur
« les réquisitions de l'autorité civile.

« Jusqu'à nouvel ordre, les réunions et les exercices de
« la garde nationale sont suspendus (1). »

En rentrant en ville, la garde nationale qui croyait avoir droit à des félicitations, fut péniblement affectée en apprenant le blâme dont elle était l'objet ; mais cependant elle resta parfaitement calme en présence de cet espèce de coup d'État. Il se peut qu'alors, un ou deux gardes nationaux, enflammés d'une colère patriotique, que l'on comprend sans l'excuser, se soient emportés jusqu'à proférer des menaces, contre ceux qui entravaient leur élan ; mais encore une fois, un fait isolé n'engage pas la garde nationale tout entière.

Cependant l'ennemi se rapprochait de plus en plus ; il était à notre porte et l'administration, qui avait tant de loisirs pour prendre des arrêtés contre ses administrés, en faveur des Prussiens, ne trouvait pas le temps d'informer l'autorité supérieure de leur approche.

Dans ces moments suprêmes, les chefs des stations télégraphiques avaient reçu ordre, de transmettre aux Préfets et

---

(1) L'Administration municipale n'agissait que d'après l'impulsion de M. Passy.
(1) L'arrêté étant daté du 2, on se demande comment il a pu être pris en vue d'événements qui ne s'étaient pas encore produits.

aux Sous-Préfets tous les faits de guerre qui parviendraient à leur connaissance. C'est en vertu de ces instructions que M. Charpillon télégraphia à dix heures, à M. le Sous-Préfet ce qui s'était passé la veille et le matin même.

Aussitôt M. Deshayes, qui dans ces circonstances si graves a toujours été à la hauteur des événements et qui s'est conduit avec un patriotisme auquel tout le monde rend hommage, répondit à M. Charpillon par la dépêche suivante :

« Les Andelys, 3 octobre 1870, 11 h. 15 m. du matin.

« *Le Sous-Préfet au Juge de Paix de Gisors.*

« J'ai envoyé une dépêche au Maire, lui disant que j'approuvais la garde nationale et que je l'encourageais dans son élan patriotique.

« Je vous autorise à publier ma dépêche. »

Un instant après, nouveau télégramme du Sous-Préfet au Juge de paix, dans lequel il le remercie encore de sa dépêche du matin, lui dit que le préfet encourage le patriotisme de la garde nationale, annonce l'arrivée *d'un détachement de cavalerie avec de la garde mobile*, et prie le Juge de paix de le tenir au courant des événements.

En même temps, M. Deshayes adresse au commandant Tailleur, que l'on ne saurait trop louer non plus des sentiments dont il a fait preuve, une dépêche de félicitations (1).

Le même jour, M. Le Couteulx de Canteleu qui, lui aussi, a noblement agi, offrait au Commandant de Gisors le secours de la garde nationale d'Etrépagny (2).

Enfin, M. Tailleur ayant prévenu le général Estancelin, en reçut la dépêche suivante :

---

(1) Pièces justificatives, n° 2.
(2) Pièces justificatives, n° 3.

« 3 octobre 1870, 12 h. 50 soir.
« Je viens de prendre toutes les mesures de précautions nécessaires. »

Il est donc bien établi que l'administration supérieure n'a eu connaissance des événements que par le Commandant de la garde nationale et par le Juge de paix : de même qu'il est parfaitement établi que des secours de cavalerie et de gardes mobiles avaient été annoncés, on peut donc s'étonner à bon droit que M. Louis Passy ait taxé de « *fausses nouvelles* les dépêches citées plus haut, dont le juge de paix avait donné communication à la garde nationale, conformément aux instructions de M. le sous-préfet.

Dans le cours de la journée, le commandant est appelé devant le conseil municipal pour se voir reprocher les événements du matin et les nobles sentiments qui animent la garde nationale.

M. Louis Passy, avec une habileté que, du reste, nous nous plaisons à reconnaître, fait dans sa brochure tous ses efforts pour faire croire, entre les gardes nationaux, à un désaccord qui n'existait que dans son désir ; quant au désaccord entre la garde nationale et la municipalité, il était complet : seulement l'administration départementale soutenait la garde nationale, et le Préfet était forcé de recommander à l'administration municipale *de ne pas entraver son patriotisme.*

Est-ce assez clair ?

Mardi 4 octobre.

« La matinée est signalée, dit *la Brochure,* par l'ar-
« rivée des francs-tireurs, mandés on ne sait par qui, et
« probablement par les membres du Comité de défense.
« M. le Juge de Paix annonce en outre l'arrivée de hus-
« sards et de mobiles. Cependant des hussards et des mo-
« biles, pas un ne vient, etc... »

Il faut véritablement beaucoup de mauvaise volonté pour ne pas se rendre compte de ce qui s'est passé Il est bien certain que la municipalité n'a jamais demandé de secours, au contraire, tout le monde le sait, ce n'est donc pas elle qui a fait venir les francs-tireurs ; mais voici le fait. A la suite de la dépêche adressée par M. Tailleur au général Estancelin, celui-ci donna ordre à M Desseaux de se porter sur Gisors avec ses hommes.

Quant aux hussards et aux mobiles, les dépêches du sous-préfet autorisaient suffisamment le juge de paix à annoncer leur arrivée. Nous sommes étonnés que M. L. Passy et l'administration municipale soient les seuls qui n'aient pas vu les hussards, car leur présence a donné lieu à une émotions des plus saisissantes, comme on le verra plus loin. — Du reste, nous sommes forcés de le répéter, on s'explique difficilement ce parti pris de dénaturer la vérité et de vouloir l'habiller à sa guise, comme s'il n'arrivait pas toujours un moment où, comme dans la fable, elle sort nue de son puits, et rejette tous les vêtements dont on l'a affublée.

Le mardi matin, M. Charpillon étant allé aux Andelys, rencontra en revenant MM. L. Passy et Biquelle qui y allaient comme délégués du conseil municipal M. Biquelle, reconnaissant M. Charpillon, arrêta son cheval.

— Eh bien ? dit-il ; que fait-on ? se défend-on ?

— Ce que l'on fait, je l'ignore ; mais je sais que la garde nationale, est décidée à se défendre et que nous nous défendrons.

— Mais alors, reprend M. L. Passy, on va faire brûler la ville ?

— Nous n'avons pas la prétention, répliqua M. Charpillon, de lutter contre un corps d'armée, mais nous ne voulons pas lâchement ouvrir les portes de nos maisons à quelques centaines de uhlans en leur disant : « Donnez-vous la peine d'entrer, Messieurs, vous êtes les maîtres et les bien venus (1). » Du reste, puisque vous allez aux Andelys, vous verrez M. le Sous-Préfet, qui vous fera part de ses appréciations.

Cette conversation, aussi bien que la réponse du Sous-Préfet aux délégués du Conseil, ont été prudemment écartées de la la brochure.

Tout le monde sentait que Gisors était la clef du Vexin et de la Normandie ; aussi de tous les cantons voisins des offres de secours arrivaient au Commandant de la garde nationale, de même que si un incident venait à se produire, on s'adressait à M. Charpillon dont on connaissait les sentiments. C'est ainsi que dans la soirée du 4, le maire de Méru lui envoya, sous escorte, pour l'interroger, un individu qui avait livré aux Prussiens le secret d'une cachette où les armes du pays avaient été déposées ; qu'un peu plus tard il reçut la dépêche suivante :

« 4 octobre, 11 h. 50 soir.

« *Chef de poste garde nationale d'Etrépagny à M. le Juge de paix de Gisors.*

« Avons arrêté un Bavarois. Réponse : Qu'en faire ? »

Mercredi 5 octobre.

« Un certain nombre de personnes semblent agir sous
« l'inspiration d'un Comité secret, et tiennent en échec, en
« suspicion et même en péril les autorités municipales. Le
« groupe s'accroît tous les jours de recrues inattendues.
« Des hommes étrangers à la commune, souvent même
« inconnus, se sont introduits d'autorité dans les cadres de
« la garde nationale comme pour la surveiller et la di-
« viser, etc.... »   (*Brochure.*)

Nous protestons encore ici, contre l'existence d'un pré-

---

(1) On verra plus loin si tels étaient les sentiments de M. L. Passy. Voir *Pièces justificatives*, n° 6.

tendu Comité secret et contre l'allégation de périls courus par l autorité municipale. Quant à l'introduction d'étrangers, d'inconnus dans les cadres des soldats-citoyens, voici le fait : plusieurs habitants des pays déjà envahis, qui s'étaient réfugiés à Gisors, et plusieurs personnes des environs, désirant contribuer au salut commun, demandèrent et obtinrent de combattre dans nos rangs, où ils comptaient tous soit des parents, soit des amis.

Le matin, un détachement des hussards annoncés le lundi traversa Gisors pour aller en reconnaissance jusqu'à Chaumont.

Vers 11 heures, les cris les uhlans! les uhlans! à la porte de Paris ! se font entendre, aussitôt les francs-tireurs se précipitent sur leurs armes pour s'élancer en avant.

La population toute entière, hommes, femmes, enfants, armés, qui d'un fusil, qui d'un sabre, qui d'une fourche, court sur leurs pas pour les soutenir et repousser avec eux l'ennemi. C'était une fausse alarme, mais qui avait eu pour résultat d'affirmer une fois de plus, le courage et le patriotisme des habitants de Gisors Le détachement des hussards rentrait de son excursion du matin, on l'avait pris de loin pour des uhlans.

Nous avions donc raison, de trouver étonnant, que M Louis Passy n'ait pas vu nos hussards.

L'esprit de partialité qui a présidé à la rédaction de la brochure apparaît encore ici de la façon la plus évidente ; les faits importants dont nous venons de parler sont complètement passés sous silence.

L'auteur de la brochure disserte ensuite, après coup, sur les chances probables de secours que l'on pouvait attendre, puis il ajoute : « L'administration et le conseil
« municipal prennent pour règles de leur conduite les
« résolutions suivantes :

« Tenir l'administration départementale au courant des événements et épuiser les dernières chances d'être soutenu et guidé.

« Se défendre si la défense est rendue possible par l'envoi de troupes régulières et une direction unique.

« Refuser les armes à la sommation d'un corps de uhlans.

« Travailler à rétablir l'ordre et l'accord dans la garde nationale. »

Encore une fois, quand avez-vous fait part aux autorités départementales de ce qui se passait à Gisors ? Quelle défense avez-vous préparée ? Quelles mesures avez-vous prises ?

Nous avons vu ce que vous avez fait jusqu'ici, nous allons voir ce que vous ferez maintenant

Quant à l'ordre et à l'accord que vous voulez rétablir, dites-vous, vous tenez donc bien à faire croire que l'indiscipline s'était glissée et régnait en souveraine dans les rangs de la garde nationale ? Vous la calomniez à chaque ligne. Ce ne sont pas des patriotes, à vos yeux, tous ces chefs de famille qui voulaient défendre leurs foyers contre l'invasion, *ce sont des Révolutionnaires.*

Jeudi 6 Octobre.

Vers deux heures de l'après-midi, les francs-tireurs de Rouen, sous la conduite d'un homme intelligent et courageux qui, quoi qu'on en ait dit, a noblement fait ici son devoir, quittèrent la ville, promettant de revenir au premier appel.

A 7 heures du soir, un sieur Blanchet, de St-Paër, arrive dans la ville au galop de son cheval, il vient d'Eragny, les uhlans, dit-il, ont coupé les fils télégraphiques et bouleversé les rails du chemin de fer, ils ont voulu le forcer à les guider à Gisors mais il s'est échappé Cette nouvelle est bientôt répandue et un grand nombre de gardes nationaux court au-devant de l'ennemi, espérant le surprendre sur la route d'Eragny à la faveur de la nuit qui arrive ; mais déjà il était entré en ville. Les gardes nationaux veulent alors cerner les uhlans et les faire prisonniers, un impatient tire et la fusillade s'engage.

Les uhlans saisis de frayeur, abandonnent un habitant de Gisors dont ils se sont emparés pour les conduire à la mairie et s'enfuient dans la direction de Trie-Château, un d'eux qui s'est séparé un instant de ses camarades, tombe et se relève pour rejoindre avec eux un corps nombreux qui les attend à l'entrée de la ville.

Le résultat de ce combat avait été deux chevaux blessés et un sabre perdu par l'officier qui commandait le détachement

En apprenant cette tentative des prussiens qui comme des bêtes fauves avaient voulu s'introduire dans la ville à la faveur des ténèbres, un frémissement électrique d'indignation parcourut la population. En un instant, sans aucune convocation et avec une spontanéité unanime, qui fait honneur à son courage, toute la garde nationale se rassemble et bientôt de nombreuses patrouilles parcourent et surveillent les environs de la ville.

Voyons ce que fait, pendant ce temps, l'administration municipale. Le conseil est réuni, le commandant et les capitaines de la garde nationale sont appelés et à leur arrivée les reproches les plus sanglants leur sont adressés. — Vous voulez faire brûler la ville, leur dit-on ; c'est vous qui êtes cause de tout ce qui arrive, c'est vous qui avez monté les têtes, dit un conseiller municipal au capitaine Lerevert. Enfin, lorsque le Commandant allait quitter la salle : « Vous avez demandé des secours, lui dit-on, et vous n'en recevrez pas, il est inutile d'en demander de nouveau.

Pourquoi affirmait-on d'une façon si formelle qu'on ne serait pas secouru ? Serait-ce, comme bien des personnes l'ont dit, parce que l'administration municipale avait fait savoir à l'autorité militaire *qu'il était inutile d'envoyer des secours, que la ville ne voulait ni ne pouvait se défendre.*

« Des explications échangées au sein du Conseil muni-
« cipal, dit la brochure, il résulte que les capitaines sont
« débordés, que la garde nationale elle-même est divi-
« sée, etc..... »

Pour la dernière fois, nous dirons encore que M Louis Passy calomnie gratuitement la garde nationale ; jamais elle n'a refusé d'obéir aux chefs qui voulaient la conduire au combat ; jamais les liens de la subordination n'ont été rompus ; jamais, non plus, personne ne s'est introduit d'autorité dans nos rangs.

Encore une fois aussi, j'en appelle à la garde nationale.

L'auteur de la brochure suppose ensuite que la garde nationale, qui n'est pas habillée, peut être *cernée et massacrée comme les mobiles de l'Yonne.* Quelle sanglante responsabilité ! dit-il.

Or, nous affirmons qu'aucun mobile ou mobilisé de l'Yonne *n'a été pris ni surtout massacré.*

Et c'est en s'appuyant sur les racontars d'un journal que M. L. Passy attaque ses concitoyens !!

A onze heures, toutes les issues de la ville sont gardées et bientôt le tocsin se fait entendre dans toutes les communes du canton de Gisors et des cantons voisins, et toute la nuit ce son lugubre et imposant qui annonce les calamités, tient en éveil toutes les populations.

Vendredi 7 octobre.

A minuit et demi, le commandant Desseaux fait prévenir M. Tailleur qu'il se tient à sa disposition, mais vers une heure il reçoit lui-même du général Estancelin l'ordre de se retirer immédiatement à la Feuillie.

Cet ordre, serait-il la conséquence de ce qui a été dit au Commandant de la garde nationale, quelques heures auparavant, au sein du Conseil municipal ? Bien des gens en sont encore aujourd'hui convaincus. Toujours est-il que vers quatre heures, un très-fort détachement de volontaires de la garde nationale était réuni et partait dans la direction de Bézu, pour rejoindre la compagnie Desseaux, qu'elle ne devait pas trouver.

Grand fut le désappointement des gardes nationaux qui, comptant sur un aide, en sont réduits à eux-mêmes ; les mots de *trahison* se disent d'abord tout bas, puis sont bientôt répétés tout haut : les rangs se brisent et l'on revient à Gisors.

C'est alors que se produisirent différentes scènes d'un grand intérêt, que la brochure a soin de laisser de côté. Nous qui voulons faire briller la vérité sur chacun des faits qui ont précédé l'invasion, nous allons les raconter.

Les sentiments de patriotisme de la garde nationale sont froissés, les esprits sont profondément irrités ; aussi, en rentrant en ville, un certain nombre de gardes nationaux déchargent leurs fusils en l'air et les jettent dans la rivière. Un d'eux, en proie à un véritable délire de patriotisme impuissant, arrive sur le *Marché au Poisson*. On l'interroge :

— La garde nationale, dit-il, est trahie par l'administration municipale.

Il brandit son fusil en criant qu'il veut la venger M. Charpillon l'entend, le suit jusque chez lui, et là se passe une scène véritablement déchirante. La mère, la femme de Lefebvre se jettent à son cou et cherchent en vain à le calmer. Lefebvre est au paroxysme de la colère Le Juge de paix ne réussit pas tout d'abord à lui faire entendre des paroles de raison

— Vous êtes un brave et un courageux patriote, lui dit-il à la fin, un cœur ardent. Vous aimez votre pays, vous ; embrassez-moi Je vous remercie au nom de tous de ce que vous avez fait et de tout ce que vous vouliez faire, et puisque l'administration municipale ne veut pas que vous défendiez votre patrie, portez lui vos armes, afin de ne pas avoir la honte de les rendre vous-même aux Prussiens.

Ces paroles le calmèrent un peu.

— Non, je ne rendrai jamais mon fusil, personne ne l'aura, j'aime mieux le briser

L'effet suivit de près les paroles. Lefebvre, saisissant son fusil par le canon, le brise sur le pavé et en laisse les morceaux au milieu de la rue.

A ce moment, M. Dénouville, un des capitaines de la garde nationale, qui avait assisté avec une foule de personnes que nous pourrions nommer, aux différentes scènes que nous venons de raconter, ramasse les débris du fusil de Lefebvre et s'adresse à M. Charpillon.

— Monsieur le Juge de paix, vous devriez bien user de votre influence pour empêcher le renouvellement d'un pareil spectacle

— Je ne demande pas mieux, mais que faut-il faire ?

— Il vaudrait bien mieux que les gardes nationaux reportassent leurs armes à la mairie plutôt que de les briser ou de les jeter à l'eau ; car l'administration pourrait les soustraire à l'ennemi en les envoyant aux Andelys ; dans tous les cas, si l'on veut combattre, on pourra toujours les reprendre

— Vous avez raison, je suis prêt à vous accompagner chez tous les hommes de votre compagnie.

MM. Denouville et Charpillon reportèrent ensemble à la mairie les débris du fusil de Lefebvre qu'ils remirent au secrétaire, en lui demandant où les hommes qui les rapporteraient pourraient déposer leurs armes.

Ces messieurs invitèrent ensuite un certain nombre de gardes nationaux à reporter leurs fusils à la mairie, ou à les cacher plutôt que de les briser ou de les jeter à l'eau, en leur observant qu'ils pourraient toujours les reprendre pour combattre, de même que, si besoin était, l'administration pourrait les sauver en les envoyant aux Andelys.

Déjà le capitaine de la troisième compagnie et le Juge de paix avaient parlé à une douzaine de gardes nationaux, quand un homme à cheval arriva sur la place du marché au poisson et demanda le Juge de paix.

— Que voulez-vous? lui dit celui-ci qui s'était rapproché.

— Je suis envoyé par le maire de la Houssaye vous prévenir que l'ennemi marche sur Gisors en deux corps, l'un de quinze cents hommes et l'autre de douze cents, avec cinq pièces de canon. Il sera ici à midi, prenez vos mesures.

Puis il partit.

Au même moment, un conseiller municipal dont nous tairons le nom, passa à côté du groupe dans lequel se trouvait le Juge de paix, et prononça, d'un ton menaçant, ces paroles plus qu'imprudentes :

— « On les connaît, ceux qui ont tiré hier soir sur les « uhlans, et ceux qui ont excité la garde nationale ! »

Personne cependant ne les releva ; mais elles sont restées gravées dans la mémoire de plusieurs.

Après le départ de l'envoyé du maire de la Houssaye, M. Charpillon se hâta de retourner à l'Hôtel-de-Ville, prévenir le Maire de l'approche de l'ennemi et se mettre à sa disposition au moment de l'arrivée des Prussiens. M. Lepère, qu'il rencontra au milieu de l'escalier le reçut plus que froidement et le remercia de son offre.

M. Charpillon ayant été prévenu que M. Tailleur pouvait courir certain danger, alla le trouver pour l'engager à s'éloigner momentanément.

— Je me proposais moi-même d'aller vous trouver, dit le commandant. Si je pars, vous ne devez pas, vous ne pouvez pas rester ; vous êtes compromis autant sinon plus que moi (1). Partons ensemble, ou plutôt partons séparément, nous nous retrouverons à Étrepagny.

(1) Voir pièces justificatives, n° 4.

Le Juge de paix sortit de Gisors vers midi, se rendit à Thierceville où il fut rejoint par M. Magniez, lieutenant de la troisième compagnie, qui avait tiré la veille sur l'officier de uhlans dont il avait le sabre, et tous deux allèrent à Etrépagny où ils trouvèrent le commandant Tailleur.

Ces messieurs ne se quittèrent qu'à Gaillon. Après avoir couché à Louviers, MM. Magniez et Charpillon allèrent à Evreux informer M. le Préfet de ce qui s'était passé et lui demander des secours. M. Fléau s'arrache un instant à ses occupations si difficiles et si grandes en ce moment.

— Je sais, Messieurs, dit-il, ce qui s'est passé ; je vous félicite et je vous remercie. Retournez chez vous : j'ai donné des ordres pour que des secours soient envoyés à Gisors. Du reste, à l'heure qu'il est, il n'y a plus un seul Prussien dans l'Eure.

Voyons, maintenant, ce qui se passait à Gisors.

Vers quatre heures de l'après-midi, huit hussards, dont un capitaine et un lieutenant, arrivèrent en ville et se rendirent à la mairie. Pendant plus d'une demi-heure, le capitaine resta en conférence avec la municipalité. Que s'est-il passé ? nous l'ignorons, mais au moment où il montait à cheval, on l'entendit (1) s'écrier :

— J... F... de maire! sauvons-nous d'ici, nous nous ferions prendre par les Prussiens.

Samedi 8 octobre.

« Les chefs de la garde nationale, ont disparu ou donné
« leur démission. ...

« Les francs-tireurs sont partis de Bézu... S'ils ont
« quitté spontanément dans la nuit de jeudi ou vendredi,
« c'est probablement que M. Desseaux, qui était en rela-
« tion directe avec les chefs de la garde nationale a connu

(1) M. Picard et autres.

« dans la nuit, la situation des esprits, les projets de re-
« traite et de désarmement qui se sont accomplis quelques
« heures après le vendredi matin. » *(Brochure).*

En présence des faits que nous avons raconté, la malveillance de M. L. Passy pour les chefs de la garde nationale et pour le juge de paix est tellement évidente qu'il est inutile d'insister, de même que nous n'avons pas besoin de faire ressortir l'esprit de partialité qui l'a guidé dans ses suppositions.

La brochure va maintenant nous apprendre comment l'administration entendait défendre la ville

« Il (le Conseil) décide qu'au cas où les Prussiens se
« présenteraient aux abords de la ville avant qu'on ait
« consulté les officiers (1), le Maire et les cinq premiers
« conseillers municipaux iraient à leur rencontre, leur in-
« terdiraient l'entrée de la ville et leur refuseraient les
« armes, comme si l'on se trouvait en mesure de s'opposer
« à leur entrée et de les empêcher de les prendre. »

Gambetta est véritablement bien coupable de n'avoir pas demandé la recette de l'administration municipale de Gisors pour arrêter les Prussiens. On lui eut appris que les armées qu'il levait, habillait et équipait à si grands frais, étaient parfaitement inutiles ; qu'il suffisait, dans chaque ville, du maire et de ses cinq premiers conseillers municipaux. Que d'argent économisé ! que de sang non versé ! que de ruines évitées ! — Serait-ce assez grotesque, si le salut du pays n'avait pas été en jeu !

« Une heure après, ajoute la brochure, on signalait la
« présence des Prussiens sur la route de Trie. M. le maire,
« M. Lepage, adjoint, MM. Passy, Radou et Grillon, suivant
« les instructions du Conseil, se rendirent auprès de l'offi-
« cier qui commandait un corps de quarante uhlans.... »

---

(1) Les gardes nationaux qui avaient déposé leurs armes, la veille, les réclamaient, le conseil refusait de les rendre avant d'avoir consulté les officiers de la garde nationale qui étaient restés à Gisors.

Les Prussiens n'étant pas entrés ce jour-là dans Gisors, on pourrait croire qu'ils ont reculé devant la réponse du Maire, si nous ne disions que l'attitude très-énergique du poste de la route de Gournay, est venue singulièrement en aide à cette réponse, *si fière et si courageuse qu'elle ait été* (1).

En apprenant cette nouvelle tentative des Prussiens, la population réclama ses armes avec plus d'insistance, et un certain nombre de gardes nationaux se rendit à l'Hôtel-de-Ville pour en faire la demande au Maire: mais parmi eux ne se trouvait aucun étranger à ce pays, contrairement à l'affirmation de *la brochure*.

Quelques habitants s'introduisent dans la salle des délibérations et réclament leurs fusils. Mais sur les observations qui leur sont faites, ils envoient comme délégués MM Paillé, Patte, Morin, Aubé et Auzoux, qui sont chargés de s'entendre avec le Conseil municipal. On discute sur la défense, et l'on demande aux délégués s'ils veulent assumer sur eux la responsabilité des conséquences qu'elle pourrait entraîner pour la ville.

Les délégués repoussent cette responsabilité, et insistent pour ne pas laisser envahir la ville sans combat. Deux d'entre eux furent alors chargés d'aller aux Andelys, avec M. Biquelle, afin de voir M. le Sous-Préfet et lui demander des secours.

Après leur départ, le maire reçoit un télégramme du Sous-Préfet, annonçant l'arrivée de cinq cents mobiles, de francs-tireurs et de hussards. L'Administration est forcée dans ses derniers retranchements, — il lui est impossible

---

(1) Un témoin auriculaire raconte que cette réponse a été rien moins que fière et courageuse, et que de plus, M. Passy aurait, de son côté, prié le chef ennemi de ne pas entrer ce jour-là, parce qu'il n'avait pas assez de monde avec lui, et que ses hommes pourraient être massacrés, tant les têtes étaient montées; qu'il ferait mieux de ne revenir que le lendemain avec des forces plus considérables.

cette fois d'entraver encore la défense, du moins ouvertement, — on se défendra donc.

Dimanche 9 octobre.

A six heures du matin, on se réunit pour se concerter sur les mesures à prendre, et le Conseil municipal, constitué en Conseil de guerre, décide que la défense sera portée sur le plateau du Mont-de-l'Aigle, à 1,500 mètres environ en arrière de Gisors, laissant ainsi toutes les issues ouvertes à l'ennemi

Vers huit heures, on rend les armes aux gardes nationaux; mais, par une sage prévoyance qui rentre sans doute dans son plan de défense, l'administration municipale oublie de leur donner les moyens de les utiliser : beaucoup n'ont pas de cartouches, d'autres n'en ont que deux.

Nous n'avons pas l'intention de raconter les divers incidents du combat, nous nous contenterons de dire qu'à onze heures, les mobiles et la garde nationale étaient en pleine déroute. Mais nous tenons à payer aux habitants de Bazincourt et d'Eragny notre tribut de reconnaissance : ce sont eux qui, par leur courage et leur énergie, ont arrêté, de ce côté, le mouvement tournant de l'ennemi, et qui ont sauvé nos gardes nationaux.

A midi, les Prussiens entraient à Gisors de tous côtés à la fois.

Tout était consommé, nous étions envahis ! !

Cependant, MM. Magniez et Charpillon, en quittant la Préfecture, avaient pris la route de Gisors et voyagé toute la nuit, espérant arriver assez à temps pour contribuer, avec leurs concitoyens, à repousser l'ennemi. A Etrépagny, ils se trouvèrent au milieu de la débandade : ils voulaient continuer leur route pour Gisors, mais on les en dissuada (1). Ils

1. Pièces justificatives, n° 5.

retournèrent aux Andelys où M. le Procureur de la République remit à M. Charpillon un congé qu'il n'avait pas pu lui expédier la veille et que nous reproduisons en entier, parce qu'il résume parfaitement la véritable situation des esprits à Gisors.

« Les Andelys, le 8 octobre 1870.

« Monsieur le Juge de paix,

« J'ai reçu les renseignements que vous m'avez fournis sur les
« incidents que l'approche de l'armée prussienne a amenés dans
« votre ville.

« Votre dévouement à la cause nationale paraît avoir été mal
« interprété par certains individus : et on m'assure que leur mal-
« veillance à votre égard pourrait, le cas échéant, rendre dan-
« gereuse, pour votre personne, votre présence au milieu de
« l'ennemi.

« Dans ces circonstances, et tout en approuvant vos efforts
« pour maintenir le patriotisme de la population, je vous autorise
« à prendre un congé de dix jours à dater de la réception de
« cette lettre. Le calme renaîtra, je l'espère, dans tous les esprits
« et vous pourrez bientôt reprendre dans votre canton la direction
« du service judiciaire.

« Recevez, etc.

Le Procureur de la République,

« Signé : SAINT-REQUIER. »

Ce congé n'a pas besoin de commentaire : il met assez en relief l'esprit de la population encouragée par le Juge de paix, et celui de *certains individus*.

Le même jour, vers quatre heures du soir, l'*Hôtel de l'Ecu* était le théâtre d'une scène qui fait trop d'honneur aux sentiments qui animaient M. L. Passy, pour que nous la passions sous silence.

Au moment où le prince Hohenlohe arrivait s'installer, M. L. Passy accourut pour l'inviter à descendre chez lui où il serait, disait-il, beaucoup mieux qu'à l'hôtel. *Malgré son insistance et sa politesse obséquieuse, le prince refusa* (1).

(1) Voir Pièce justificative, n° 6.

En quittant les Andelys, M. Charpillon rejoignit sa famille à Pinterville, pour aller ensuite se fixer à Rouen. Après l'invasion de la capitale de la Normandie, M. Charpillon trouva moyen de servir encore la cause de son pays et d'éviter peut-être à nos armes de nouveaux désastres. La lettre suivante, qui émane d'un des hommes les plus honorables de Rouen, fera connaître la nature et l'importance des services qu'il a pu rendre :

« Rouen, le 28 juillet 1871.

« Cher Monsieur,

« Je ne comprends rien à votre disgrâce et j'en suis très-peiné.
« Vous méritiez des éloges pour votre dévouement et votre pa-
« triotisme. Je ne puis m'expliquer l'erreur déplorable dont vous
« êtes victime, que par le trouble que les événements ont jeté
« dans tant d'esprits et qui a permis à la passion de dénaturer
« la portée de vos actes.

« Je ne perdrai jamais le souvenir des sentiments si généreux
« et si français que vous m'avez tant de fois exprimés pendant
« nos douloureuses épreuves. Je me rappellerai toujours vos
« craintes et vos espérances pour la cause nationale, après les
« voyages périlleux que vous avez faits au Havre, quand vous
« alliez, au risque de votre vie, malgré le froid le plus intense, à
« travers les lignes ennemies, porter à notre armée des renseigne-
« ments précieux sur l'attitude, sur la force et sur l'organisation
« des Prussiens. Mieux que personne, je connais la mission dont
« vous vouliez bien vous charger, puisque je vous ai fourni moi-
« même des notes sur les mouvements de l'ennemi, et que vous
« avez pu, au moment le plus critique, à l'époque où la lutte était
« le plus animée, fournir à nos généraux des indications impor-
« tantes sur la marche et les embûches de l'ennemi.....

« Il est impossible qu'il ne vous soit pas rendu justice : la
« vérité et l'équité sont ici trop vivement offensées pour ne pas
« revendiquer leurs droits.....

« *Le Proviseur du Lycée.*

« Signé : GAUTIER. »

Pendant que M. Charpillon s'expose ainsi, l'administration municipale de Gisors s'empresse de déférer à toutes les réquisitions des Prussiens — argent sous tous les prétextes, denrées, on leur donne tout ce qu'ils demandent, — on est au mieux avec les officiers, on court au-devant de leurs désirs. — On est si heureux!! Le pays est délivré des *Révolutionnaires*, et M. L. Passy n'a plus à craindre d'être renversé de son *siège municipal*.

Nous avons raconté fidèlement les divers incidents de l'envahissement de Gisors ; nous avons porté la lumière sur les points les plus obscurs ; nous avons montré par les faits eux-mêmes la conduite des uns et des autres : le Public peut, maintenant en connaissance de cause, prononcer son verdict.

PIÈCES JUSTIFICATIVES

N° 1.

Gisors, le 3 octobre 1870.

Monsieur le Préfet,

Je m'empresse de vous rendre compte de la mission dont vous avez bien voulu me charger, auprès de MM. Morin et autres habitants de Gisors, pour leur demander s'ils consentiraient à faire partie d'une commission municipale.

M. Morin me prie de vous dire que, ni lui ni ses amis ne veulent, quant à présent, accepter le fardeau, surtout au moment où l'invasion nous menace, ils pensent pouvoir, en dehors de l'administration, bien mieux et plus utilement servir le gouvernement de la République.

De plus, M. Morin me prie de vous dire, Monsieur le Préfet, que lorsque, suivant lui et ses amis, le moment sera venu, il aura l'honneur de vous l'écrire.

Veuillez, etc. *Le Juge de paix,*
Signé : CHARPILLON.

N° 2.

3 octobre 1870, midi.

Le Sous-Préfet au Commandant de la garde nationale de Gisors.

Mes félicitations.

Deux pelotons de hussards sont à Etrépagny. Mettez-vous en communication avec eux. Je pense qu'ils iront se joindre à vous. La mobile marche aussi vers Gisors.

N° 3.

3 octobre, 8 h. 55 soir.

Le Maire d'Etrépagny au Commandant, à Gisors.

60 hussards arrivés ce soir avec chef d'escadron, enverront peloton à Bézu.

Si garde nationale de Gisors besoin de secours de celle d'Etrépagny prévenir de suite.

N° 4.

Je soussigné, commandant le bataillon de la garde nationale de Gisors, certifie ce qui suit :

Le vendredi 7 octobre 1870, vers onze heures du matin,

M. Charpillon vint me prévenir: qu'en raison des événements de la veille, il y avait pour moi danger à rester lors de l'entrée de l'ennemi, et pour m'engager à m'éloigner momentanément.

Je dois dire que M. Charpillon ne paraissant nullement songer à quitter la ville, et après l'avoir remercié de sa démarche, je lui exprimai combien j'étais affligé de la conduite tenue par l'administration municipale, qui n'avait cessé d'entraver la garde nationale dans la défense. « Mais vous-même, M. le Juge de paix, qui venez me prévenir, vous ne pouvez pas, vous ne devez pas rester, je me proposais d'aller vous voir, quand vous êtes entré, pour vous dire que vous êtes compromis au moins autant que moi. *Je crois même que vous serez dénoncé aux Prussiens, si vous ne l'êtes pas déjà*. Partez avec moi, il n'y a rien à faire à Gisors. » Je décidai M. Charpillon à partir, il fut convenu que nous partirions chacun de notre côté, et que nous nous rejoindrions à Étrépagny, ce qui eut lieu.

Gisors, le 26 juillet 1871. Signé : TAILLEUR.

N° 5.

Les soussignés, gardes nationaux, certifient que le 9 octobre, au moment où ils arrivaient à Étrépagny à la suite du combat du Mont-de-l'Aigle, MM. Charpillon et Magniez y arrivaient aussi, venant d'Évreux et allant à Gisors.

Ils certifient également avoir détourné ces Messieurs de leur projet et les avoir engagés à retourner sur leurs pas.

Gisors, le 26 juillet 1871. Signé : HÉBERT, ROUSSELET, RICHARD.

N° 6.

Les soussignées déclarent et certifient ce qui suit :

Le dimanche 9 octobre 1870, jour de l'entrée des Prussiens à Gisors, le prince Hohenlohe arriva vers quatre heures et demie à l'Hôtel de l'Écu pour s'y installer. Pendant que les bonnes cherchaient les clefs des chambres retenues pour le prince, M. L. Passy accourut, se confondit en politesses vis-à-vis du chef Prussien, et s'adressant à lui, avec une obséquiosité qui *froissa tous nos sentiments patriotiques* : « Mon prince, dit-il, je viens courtoisement vous prier de venir vous installer chez moi, vous y serez beaucoup mieux qu'à l'hôtel. — Merci, monsieur, répondit vivement le prince, je reste ici et je n'en sors pas. » Malgré cette brusque réponse, M. Passy insista encore auprès du chef ennemi, qui fit un nouveau refus. Sur ce, M. Passy réitéra ses salutations et se retira comme il était venu.

Gisors, le 10 juillet 1871. Signé :

AUGUSTINE VAILLEGEARD, MARIE GUILLAUME.

www.ingramcontent.com/pod-product-compliance
Lightning Source LLC
Chambersburg PA
CBHW060523050426

42451CB00009B/1128